AF283017

Luis R. Jara

Frente Polisario-Marruecos

Un conflicto enquistado en el tiempo

Soldado saharaui en una posición militar en un lugar desconocido del Sáhara Occidental

LUIS R. JARA

FRENTE POLISARIO MARRUECOS

Un conflicto enquistado en el tiempo

bubok
EDITORIAL

© Luis R. Jara
© Frente Polisario Marruecos. Un conflicto enquistado en el tiempo

Febrero 2025

ISBN papel: 978-84-685-8687-8
ISBN ePub: 978-84-685-8690-8

Depósito legal: M-4215-2025
SafeCreative: 2502050802910

Editado por Bubok Publishing S.L.
equipo@bubok.com
Tel: 912904490
Paseo de las Delicias, 23
28045 Madrid

Índice

Introducción

El territorio del Sáhara Occidental se encuentra aproximadamente en un 80 % bajo el control de Marruecos y en un 20 % bajo el control de la RASD (República Árabe Saharaui Democrática, la cual aún controla el territorio saharaui al este del muro marroquí, la denominada Zona Libre), como consecuencia de la Marcha Verde en 1975 y la resistencia del Frente Polisario.

Las Naciones Unidas, mediante la MINURSO (Misión de las Naciones Unidas para el Referéndum del Sáhara Occidental), también hacen presencia en el territorio, con el objetivo principal de otorgarle una definición jurídica a la región. Sin embargo, el referéndum en cuestión (exigido por la RASD) no se ha llevado a cabo todavía, debido principalmente a problemas relacionados con el censo de la población que participaría en dicha consulta. En medio de este escenario, la población saharaui continúa dispersa en un estado de vulnerabilidad, padeciendo constantes violaciones a sus derechos humanos y viviendo en condiciones deplorables. Esta situación parece no tener fin. Desde la comunidad internacional, los países con más influencia política en el contexto mundial observan el conflicto solo desde sus intereses geoestratégicos y económicos. A mi modo de ver, y tomando en cuenta que todo conflicto evoluciona, no es de ninguna utilidad mantener posiciones inmovilistas que no tomen en cuenta la situación sobre el terreno de los derechos humanos de la población civil afectada.

Es importante que se analice esta disputa ya que, además de los movimientos geopolíticos que se han producido, importantes para el equilibrio de fuerzas de la zona y que pueden ser decisivos, es una guerra olvidada que ha provocado cientos de miles de desplazamientos de la población civil que malvive en los campamentos de Tinduf (Argelia), bajo la supervisión del Frente Polisario, en unas condiciones de vida precarias. Allí radica la importancia de buscar y plantear alternativas, para que la población civil desplazada pueda volver a sus hogares y se ponga fin a la militarización de la zona, que es el principal inconveniente para el desarrollo y la mejora de las condiciones de vida de sus habitantes.

Este libro presenta al lector un análisis de los acontecimientos ocurridos hasta ahora y de la situación actual, para lo cual se han consultado a distintos autores con diferentes perspectivas. Por una parte, se analizarán obras claramente en favor de las tesis marroquíes, cuyas posiciones se basan más en los riesgos para la seguridad que supondría el establecimiento de un nuevo país en la órbita de los países no alineados y que ha demostrado porosidad en lo referente a la infiltración de grupos terroristas activos en el Sahel, tanto ideológica como operativamente. Por otro lado, se analizarán también obras plenamente a favor de las tesis saharauis. Las principales bazas para defender estas tesis están basadas en la obligatoriedad de las resoluciones de las Naciones Unidas y en la capacidad de sacrificio del pueblo saharaui, que, a su modo de ver, prefiere el exilio en pobres condiciones de vida en los campamentos de Tinduf a vivir bajo el control marroquí. Los autores a favor de las tesis saharauis, en líneas generales, no consideran importantes cuestiones como la seguridad internacional o el equilibrio geoestratégico de la región, sino que sus principales premisas tratan sobre el patriotismo, el sacrificio y la unidad de sus compatriotas (a su modo de ver), como principales valedores para la independencia de la RASD. Se ha tomado en cuenta la alta capacidad interpretativa de los diferentes instrumentos del derecho internacional humanitario y del derecho internacional de los derechos humanos, y su mejor uso como mecanismos para mejorar la vida de las personas afectadas por el conflicto. Esto también se hace extensivo a la búsqueda de una propuesta de **solución realista**, que, por supuesto tendrá también en cuenta el equilibrio geoestratégico de la región, lo cual, desgraciadamente, sigue recibiendo, en muchas ocasiones, una mayor atención que el estado actual de los derechos humanos.

En las siguientes páginas, y luego de una exhaustiva búsqueda de artículos académicos en revistas y en prensa escrita, se presenta una narrativa de los hechos lo más neutralmente posible, que no tome partido por ninguno de los bandos. El abordaje se ha hecho con un escrupuloso respeto hacia todas las ideologías, ideas, pensamientos y creencias de cualquier tipo que puedan tener los miembros de un lado y de otro, de acuerdo con las líneas de pensamiento que imperan en todas las leyes internacionales sobre no discriminación.

Entre los datos conseguidos se han tomado en cuenta las resoluciones internacionales sobre el tema, entrevistas a personajes destacados y con influencia en el conflicto (como la entrevista a Chema Gil que se anexa al final), entre otras fuentes que se han considerado valiosas para un mayor entendimiento de la problemática causada por las desavenencias entre Marruecos y el Frente Polisario

El objetivo final de este libro es, partiendo del análisis objetivo, plantear una posible solución a este conflicto enquistado en el tiempo. Una solución que tome en consideración todos los factores políticos para el entendimiento entre ambas partes y el encuentro de puntos comunes. De esta forma ambas comunidades, la saharaui y la marroquí, podrán convivir en paz y armonía en un contexto de buena vecindad y respeto a los derechos humanos.

Origen del conflicto en el Sáhara Occidental

La situación actual en el Sáhara Occidental tiene un origen histórico que data del siglo xix con la colonización de África. En este apartado se explicarán brevemente las causas que originaron el conflicto. Es importante conocer los motivos y la actuación de los diferentes países y organizaciones en momentos clave del pasado, con el objeto de entender mejor su comportamiento actual e intentar ver las cosas desde cada una de las diferentes perspectivas.

Últimos años de colonialismo español

El territorio del Sáhara Occidental fue una posesión española desde el ano 1884 hasta 1976, en lo que era conocido como el Sáhara español. El territorio bajo esta denominación incluía las regiones de Tarfaya y de Ifni, las cuales fueron entregadas a Marruecos en 1957 y 1969, respectivamente. Tras esta última cesión, el gobierno español concedió a sus posesiones en el Sáhara Occidental el estatus de provincia. España invirtió importantes sumas de dinero para la modernización de su nueva provincia en un momento en el que el movimiento nacionalista y anticolonialista africano era fuerte y la posesión de un territorio en el continente africano por parte de una potencia europea no era vista con buenos ojos por nadie (Ignacio Fuente Cobo, 2011).

Llamadas a la descolonización

La influencia de la Resolución 1514 de la XV Asamblea General del 14 de diciembre de 1960[1], en la que se establecía que cualquier país que impidiera a sus habitantes originales su derecho a la independencia estaba actuando en contra de los principios de las Naciones Unidas, fue la que desencadenó el proceso de descolonización en los países africanos, mayormente colonizados por potencias europeas. Esto incluye también al territorio del Sáhara Occidental, entonces colonizado por España, por lo que la ONU solicitó a este último la liberación de los territorios de Ifni[2] y del Sáhara de su dominación colonial a través de la Resolución 2072-XX del 16 de diciembre de 1965. No fue hasta 1974 cuando España anunció que celebraría un referéndum de autodeterminación. Tras esto, el gobierno marroquí trasladó la cuestión del Sáhara Occidental al Tribunal Internacional de Justicia de la Haya, principal órgano judicial de la ONU, con la esperanza de que considerara el territorio sahariano como *terra nullius,* o lo que es lo mismo, sin dueño, para poder reclamar su soberanía sobre el mismo. El dictamen del órgano judicial no consideró al Sáhara como *terra nullius*, aunque en un ejercicio de ambigüedad, sí reconoció la influencia marroquí sobre ciertas tribus que habitaban el territorio, lo cual no impidió que emitiese un dictamen en el que se mostraba a favor de la descolonización del territorio.

Marcha Verde

Antes de que se pudiera producir el prometido referéndum de autodeterminación en el territorio del Sáhara español, y dado que sus expectativas de soberanía legal sobre el Sáhara no fueron compartidas por el Tribunal Internacional de Justicia de La Haya,

1 https://documents-dds-ny.un.org/doc/RESOLUTION/GEN/NR0/156/42/PDF/NR015642.pdf?OpenElement
2 Por entonces aún territorio español

el 6 de noviembre de 1975 llegaron a las fronteras del territorio del Sáhara español 350.000 civiles organizados por Marruecos, en la llamada Marcha Verde. Esto permitió a Marruecos hacerse con el control del territorio del antiguo Sáhara español de manera pacífica, desoyendo todas las peticiones internacionales para la celebración del referéndum de autodeterminación y provocando el éxodo de los habitantes originales del territorio, los saharauis, hacia su actual exilio en los campos de refugiados de Tinduf. Cabe destacar la absoluta pasividad del Frente Polisario ante esta marcha, a la que permitieron su avance sin poner prácticamente ninguna traba.

Armados únicamente con banderas de Marruecos y retratos del rey Hassan II se presentaron frente a la última frontera colonial española en el actual Sáhara Occidental

Acuerdos de Madrid

Los Acuerdos de Madrid o Acuerdo Tripartito de Madrid fueron firmados por los representantes de los gobiernos de España,

Marruecos y Mauritania el 14 de noviembre de 1975. En estos acuerdos se establecía la dominación marroquí sobre las dos terceras partes del territorio, mientras que la República Islámica de Mauritania conservaría una tercera parte, lo que suponía en la práctica la salida de España de su antigua posesión colonial.

Tras la salida de España, se produce la invasión marroquí del territorio y la proclamación de la RASD (República Árabe Saharaui Democrática) en la ciudad de Bir Lehlu. Estos dos hechos rompían con los Acuerdos de Madrid, ya que ni la RASD ni el Reino de Marruecos consultaron sus acciones a la Yemaá (la Asamblea General Saharaui), la cual dejaría de existir el 28 de noviembre de 1976 para ser sustituida por un Consejo Nacional Provisional.

Mauritania rechazó el acuerdo posteriormente al firmar con el Frente Polisario el Acuerdo de Argel el 10 de agosto de 1979, retirando sus tropas del territorio que le correspondía en el Sáhara Occidental y reafirmando su compromiso con un Sáhara independiente.

Contexto geopolítico en la región en 1976

Es importante conocer las diferentes alianzas, simpatías y enemistades entre países en la época en la que sucedieron los hechos que llevarían a la salida de España del territorio y a la confrontación militar y política entre el Frente Polisario y el Reino de Marruecos. Estos hechos se sucedieron en el contexto de la Guerra Fría, por lo que el enfrentamiento global entre las dos superpotencias de la época, la Unión Soviética y los Estados

Unidos, tuvo también una destacable influencia en los hechos acontecidos en el territorio del Sáhara Occidental.

Argelia y la Unión Soviética

Argelia mantuvo una relación muy estrecha con la antigua Unión Soviética desde que se independizó de Francia en 1962. Ya la primera constitución del país tuvo una clara orientación socialista, lo que llevó a Argelia a situarse siempre en la misma órbita ideológica que la URSS. Durante gran parte de las décadas de los 70 y los 90, el país fue dirigido bajo el prisma de su propio socialismo nacionalista, que tomaba gran parte de sus características del socialismo árabe, tan frecuente en la zona tras el periodo de descolonización. Esto tuvo una importante influencia en el conflicto del Sáhara Occidental, ya que, en el contexto de la Guerra Fría, y con una Argelia muy próxima a la Unión Soviética dada su orientación socialista, provocó que los Estados Unidos tomaran partido por las ideas marroquíes, fueran las que fueran, para contrarrestar a la otra superpotencia de ideología opuesta. El conflicto del Sáhara Occidental entraba en el tablero del ajedrez mundial, donde la URSS y los EE. UU. movían las piezas para conseguir la supremacía mundial acorde a sus creencias, con todo lo que ello conlleva.

Marruecos y sus aliados

Marruecos, ya sea por interés o porque no le quedaban otras opciones políticas, siempre se ha mantenido cercano al bloque occidental, liderado por Estados Unidos, desde su independencia. A pesar de sus desplantes a España, el país norteamericano siempre puso por encima los intereses marroquíes en el Sáhara

Occidental sobre los españoles, en su intento de parar la influencia soviética en la región, representada por Argelia, lo cual, indudablemente, favoreció al país alauita, que se vio reforzado para incumplir sistemáticamente los llamados de las Naciones Unidas a la celebración de un referéndum de autodeterminación, lo cual sigue haciendo hasta ahora. Su privilegiada situación geográfica ha sido aprovechada al máximo por los monarcas marroquíes, para posicionarse como el mejor aliado de Occidente en el mundo árabe, lo cual es de gran valor geoestratégico en una región que siempre se ha caracterizado por evitar alinearse con los países del llamado Norte Global desde la época de las independencias.

Guerra en el Sáhara (1976-1988)

Después de la retirada de las tropas españolas tras los Acuerdos de Madrid, Marruecos y Mauritania tomaron posesión de las respectivas áreas de territorio que les correspondían según dichos acuerdos. El ejército saharaui, organizado militarmente por el Frente Polisario, se enfrentó a las Fuerzas Armadas Reales (FAR) marroquíes y al ejército mauritano. Debido a diversos reveses militares infligidos a sus fuerzas durante el conflicto, el gobierno mauritano fue derrocado y el puesto de jefe de gobierno ocupado por un militar cercano a las ideas saharauis. El resultado fue una victoria diplomática y militar para el Frente Polisario, que el 5 de agosto de 1979 firmó un acuerdo de paz con la República Mauritana, por el cual se retiraban las tropas de este país de sus territorios en el Sáhara Occidental. Sin embargo, las FAR marroquíes ocuparon militarmente las antiguas posesiones mauritanas, por lo que, sobre el terreno, la capitulación mauritana tuvo nulos efectos positivos para el Frente Polisario.

La continuación de la guerra de guerrillas del Frente Polisario contra las FAR marroquíes fue una dura contienda de desgaste. Las ventajas tácticas iniciales de las fuerzas saharauis fueron contrarrestadas con la construcción de un muro defensivo marroquí que provocó a la larga un empate militar táctico entre ambos contendientes.

Status quo actual

La situación en el Sáhara Occidental empezó a estabilizarse al finalizar la guerra entre el Frente Polisario y Marruecos. Coincidentemente, los intentos de las Naciones Unidas fructificaron y ambos contendientes empezaron a comunicarse a través de conversaciones indirectas que llevaron a un alto el fuego aceptado por las dos partes. El Plan de Arreglo aprobado por el Consejo de Seguridad incluía la celebración de un referéndum y un cese a las hostilidades, ambos puntos supervisados por observadores de la ONU.

En 1991, se aprobaba la Resolución 690 del Consejo de Seguridad, la cual a su vez aceptaba el informe del secretario general en lo referente a la creación de la MINURSO (Misión de las Naciones Unidas para el Referéndum en el Sáhara Occidental), como garante de que se cumplieran las condiciones del Plan de Arreglo inicial[3].

El primer plazo que se estableció para la celebración de un referéndum fue rápidamente sobrepasado, debido a los problemas para la realización del censo de los ciudadanos que deberían

---

3 https://documents-dds-ny.un.org/doc/RESOLUTION/GEN/NR0/597/52/PDF/ NR059752.pdf?OpenElement

estar autorizados a votar en el mismo. Marruecos insistió en la inclusión de alrededor de 80 000 ciudadanos, de los cuales había serias dudas sobre su origen saharaui, en una maniobra de entorpecimiento para retrasar todo el proceso o, de otra forma, garantizarse la victoria en el referéndum incluyendo ciudadanos con simpatías o directamente marroquíes que votaran por la integración del territorio. Este fue directamente el argumento que el secretario general de la ONU en 2002 lanzó contra Marruecos, acusándolo de no querer continuar con el Plan de Arreglo.

Esta situación de no entendimiento y tensa calma ha continuado estable desde el alto el fuego de 1991, salvo graves episodios, como el ocurrido durante el desmantelamiento del campamento de Gdeim Izik en El Aaiún, con muertos en ambos bandos y acusaciones mutuas de vulneraciones de derechos humanos. Este campamento se instaló en primer lugar para protestar por las condiciones socioeconómicas de los ciudadanos saharauis en el Sáhara ocupado. Según datos de la organización Amnistía Internacional, se produjeron 14 muertos, 11 de ellos miembros de las fuerzas de seguridad marroquíes

Diez años después, en 2020, se produjo la ruptura del alto el fuego por parte del Frente Polisario, hartos, según sus palabras, de esperar la llegada de un referéndum de autodeterminación que no llegaba y de la inoperancia de las organizaciones internacionales. Al mismo tiempo, transmitieron su pérdida de confianza en la MINURSO.

En diciembre de 2020, el entonces presidente de los Estados Unidos, Donald Trump, en un giro histórico de los acontecimientos, reconoció la soberanía marroquí sobre el Sáhara Occidental[4] a cambio de que Marruecos restableciera relaciones diplomáticas con el Estado de Israel. Esto supuso un duro revés para el Frente Polisario, que luego tuvo que ver cómo la antigua administradora colonial del territorio, España, con el socialista Pedro Sánchez al frente, seguía los pasos de Estados Unidos y, en marzo de 2022, apoyaba el plan de autonomía elaborado por Marruecos para el Sáhara Occidental[5], después de 40 años manteniendo una posición ambigua, en la que no se decidía a apoyar a ninguna de las dos partes de una manera clara.

A pesar de las declaraciones de los portavoces del Frente Polisario, afirmando que esto no cambia nada, ya que la posición de la ONU sigue siendo la misma, es bastante evidente para cualquier conocedor de la política internacional, que la influencia de los Estados Unidos en la ONU y a todos los niveles es de suma importancia y sin duda afectará a futuros movimientos geoestratégicos en la región.

Quizás este apoyo diplomático haya animado a Marruecos a continuar con los ataques militares[6] tras la rotura del alto el fuego establecido por la MINURSO en 1991,ocurrido en noviembre de 2020[7,] provocado por Marruecos tras sus acciones

---

4   Trump reconoce la soberanía marroquí del Sahara Occidental y anuncia la normalización de relacio- nes entre Marruecos e Israel–BBC News Mundo

5   Madrid apoya el plan de Marruecos sobre la autonomía del Sahara Occidental (france24.com)

6   Dos drones marroquíes matan a un alto cargo y cuatro militares del ejército saharaui (elespa- nol.com)

7   El Frente Polisario da por roto el alto el fuego sobre el Sahara después de treinta años (rtve.es)

en el puesto fronterizo de Guerguerat, que comunica el Sáhara Occidental con Mauritania.

Zona de conflicto del Sahara Occidental

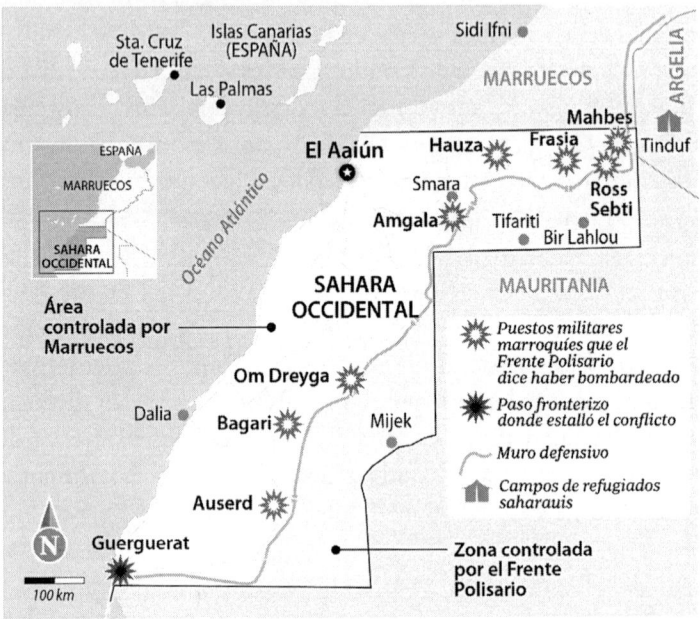

Rotura del alto el fuego de 2020

Sin embargo, tras la salida de Trump del gobierno estadounidense, la nueva administración de Joe Biden ha suavizado el tono en lo que respecta a su apoyo al plan de autonomía marroquí, que ahora simplemente considera «una solución más», forzando incluso al gobierno marroquí a aceptar a regañadientes la visita del enviado especial de la ONU a los territorios ocupados, lo que Marruecos siempre había impedido de una manera u otra.

Esta es la situación general actual del conflicto entre el Frente Polisario y el Reino de Marruecos en lo referente a la cuestión geoestratégica, que en numerosas ocasiones está muy relacionada y tiene una gran influencia en lo que al respeto de los Derechos Humanos respecta.

Principales causas de desavenencia en el conflicto

Exigencias de la RASD

Desde el principio del conflicto, desde la retirada de la antigua potencia administradora, España, los saharauis han tenido muy claro que su objetivo era la autodeterminación de los territorios del Sáhara Occidental para poder administrarse libremente. Las resoluciones de las Naciones Unidas juegan a favor del Frente Polisario, pero a pesar de esto, el equilibrio de poder en la región siempre ha pesado más a la hora de ejercer una influencia real en lo referente a apoyos internacionales, ya sean diplomáticos o militares. Como ya se dejó entrever en el apartado 1.2.1, los aliados del Frente Polisario se reducen ahora a Argelia y otros países no alineados como Cuba, con escaso poder internacional.

La RASD exige que se cumpla el mandato de la MINURSO y se celebre un referéndum de autodeterminación en la zona, que incluya la opción de la independencia respecto de Marruecos.

Las principales discrepancias para que este referéndum aún no se haya llevado a cabo están relacionadas con quién tendría derecho a votar en este hipotético referéndum. En principio, el plan de la MINURSO era que la base de votantes se nutriera únicamente de los saharauis cuyos nombres estuvieran en el censo español de 1974, lo cual era aceptado por el Frente Polisario por ser una base de electores que claramente votaría a favor de la independencia del Sáhara Occidental. Pero el paso del tiempo ha provocado una fluctuación en la población original, con la consecuente llegada de colonos y militares marroquíes. Marruecos exige que estos últimos también tengan derecho a votar en un hipotético referéndum, ya que, según el país alauita, son también legítimos pobladores durante décadas de lo que ellos llaman Provincias del Sur, a lo que la RASD y el Frente Polisario se niegan categóricamente. El Frente Polisario también exige derecho de voto para los saharauis exiliados actualmente en los campamentos de Tinduf en Argelia, argumentando que son de ascendencia saharaui y los pobladores originales del territorio, lo cual les da derecho a decidir sobre su futuro a pesar de no estar residiendo allí, a lo cual el Reino de Marruecos se opone firmemente. El Frente Polisario intenta garantizarse así una importante cantidad de votantes a favor de la autodeterminación. Se estima que el número actual de refugiados en los campamentos de Tinduf se encuentra entre 100 000 y 200 000, debido a la opacidad con la que el Frente Polisario maneja cifras de este tipo.

El papel de la MINURSO en el hipotético referéndum también ha sido objeto de controversia, ya que ambas partes se muestran desconfiadas y temerosas de que el papel de la misión de las Naciones Unidas les perjudique de una manera u otra y dudan de su neutralidad. Esto, unido al problema del censo, supone otro importante escollo en el camino para una futura consulta de autodeterminación en el territorio del Sáhara Occidental, de la cual cada vez se habla menos, debido a que el desarrollo de los acontecimientos y los años de ocupación militar marroquí provocan un inevitable cambio tanto en términos poblacionales y demográficos como de otra índole, que hacen que la idea de un referéndum parezca cada vez más irrealizable.

Posición del Reino de Marruecos

Desde su independencia, el Reino de Marruecos ha puesto la adquisición de los territorios del Sáhara Occidental por encima de otras reivindicaciones históricas de tiempos del sultanato. Esto ha incluido acuerdos con sus países vecinos, Mauritania y Argelia, en materias fronterizas y territoriales, con el único fin de conseguir apoyos para su política en el Sáhara Occidental, con resultados dispares y no siempre satisfactorios para los intereses del reino alauita.

A pesar de esto, en varias ocasiones durante las negociaciones políticas que se han llevado a cabo para determinar el futuro del territorio en disputa, Marruecos se ha mostrado proclive a aceptar un referéndum de autodeterminación. Esto, por distintos motivos, ha sido rechazado por el Frente Polisario. Tras estos intentos, y debido a los virajes políticos tanto de los Estados Unidos como de España hacia las tesis marroquíes, la opción autonomista ha cobrado fuerza en los últimos tiempos.

El Gran Marruecos

Durante la lucha por la independencia del protectorado francés, el político marroquí Allal el Fassi acuñó este término. Según esta visión, Marruecos tiene una historia y una cultura comunes con territorios vecinos de Mauritania, Argelia y Mali, además del Sáhara Occidental, argumentando que fueron parte del Imperio almorávide y que les fueron arrebatados por las divisiones fronterizas llevadas a cabo por las potencias coloniales.

Marruecos, en aras de una mejor posición respecto del Sáhara Occidental, reconoció a Mauritania como Estado en 1969. En

1972 acordó con Argelia la delimitación actual de las fronteras, que reconocía los límites impuestos por Francia con la frontera establecida en el río Draa. Este movimiento fue un intento de apaciguar a Argelia, que incluso consiguió la soberanía de Tinduf, un territorio rico en minerales (Moral Martín, 2017). A la larga, esto tuvo consecuencias nefastas para Marruecos, ya que, a pesar de este movimiento estratégico, Argelia se convirtió en el principal valedor y defensor de la causa saharaui.

Es posible que la definición de «Gran Marruecos» haya podido influir en el empecinamiento demostrado por el Reino de Marruecos en adquirir los territorios del Sáhara Occidental. A pesar de la aparente ambigüedad que han demostrado los gobernantes marroquíes hacia la consecución de este objetivo, es bastante probable que vean el Sáhara como una pírrica y merecida victoria tras sus concesiones postcoloniales a todos sus países vecinos en las que no se han visto beneficiados. De ahí que hayan empleado todos los recursos posibles hacia este objetivo.

La idea del Gran Marruecos incluye territorios de Argelia, Mauritania y Mali.

Posición de los principales actores internacionales

Actuación de la ONU

La Organización de las Naciones Unidas ha mantenido una posición firme durante todo el desarrollo del conflicto, siendo las reticencias de ambas partes los únicos escollos a los que ha tenido que enfrentarse, sin éxito. Asuntos como la composición del censo para el referéndum o el incumplimiento de las condiciones del Plan de Arreglo por ambas partes han provocado el estancamiento del conflicto, a pesar de los esfuerzos realizados desde la Secretaría General para evitarlo.

Fue la ONU la que, como no podía ser de otra manera, inició los procesos descolonizadores de manera global a través de la Resolución 1514 de 1960, que unida a la Resolución 2072 de 1965- la cual instaba al gobierno español a tomar las acciones necesarias para la descolonización del territorio- fueron las medidas jurídicas más importantes que se adoptaron para iniciar el proceso en el Sáhara Occidental. Tras el comienzo de las hostilidades, el hito más importante conseguido por las Naciones Unidas fue el de ser la mayor responsable de lograr el alto el fuego de 1991, condición *sine qua non* para poder desarrollar el Plan de Arreglo, que hasta ahora ha sido la opción más ambiciosa y que más cerca ha estado de poner solución al conflicto. La actuación de la ONU en los años posteriores al alto el fuego de 1991 se puede resumir en infructuosos intentos para contentar a ambas partes en lo referente a la composición del censo para el hipotético referéndum y denunciar incumplimientos del

Plan de Arreglo por parte de un bando u otro. Desgraciadamente, el alto el fuego entre ambos bandos se rompió en noviembre de 2020.

Este conflicto nos enseña que, para determinados escenarios, la principal organización internacional carece de instrumentos que puedan forzar a los Estados a cumplir con sus obligaciones, incluso si antes se habían comprometido a ello.

Actualmente, los mayores esfuerzos se dirigen a seguir intentando la implementación del Plan de Arreglo, modificándolo de tal manera que ambas partes acepten desarrollarlo. Por su importancia, y por ser prácticamente la única solución potencial al conflicto, pasamos a describirlo en más detalle:

Plan de Arreglo

El Plan de Arreglo, también conocido como Plan Baker, por el nombre del enviado especial de la ONU para el Sáhara Occidental, James Baker, ha sido hasta ahora el plan más ambicioso que la comunidad internacional ha puesto sobre la mesa. El plan Baker I, que no llegó a ser aprobado por el Consejo de Seguridad de la ONU, iba más acorde con las políticas marroquíes y propugnaba un Estado saharaui con amplio autogobierno, pero sometido al control del gobierno marroquí en lo referente a política exterior y defensa, convirtiéndose *de facto* en un territorio marroquí. Fue rechazado por el Frente Polisario y aceptado por Marruecos, pero no tuvo mayor recorrido.

Debido a que, en líneas generales, se vio al Plan Baker I como demasiado promarroquí, cinco años después, el llamado Plan

Baker II se acercaba más a lo que podría ser considerada por algunos como una solución de consenso. Esta versión definitiva del plan, que fue aprobada por el Consejo de Seguridad en su Resolución 1495 del 31 de Julio de 2003[8], planteaba que una autoridad o gobierno saharaui tomara el control del territorio de manera independiente durante cinco años, tras lo cual se celebraría el ansiado referéndum, en el cual participaría toda la población residente en el territorio. La principal novedad respecto al Plan de Arreglo o Plan Baker I es que la autoridad que confiere a las instituciones propias de los saharauis no está de ningún modo supeditada a las leyes u organismos marroquíes, como sí ocurría con el plan original, que establecía que todas las leyes que pudieran ser sancionadas por los organismos propios de los saharauis no

podrían contradecir la constitución marroquí, colocándola de facto como una norma legal superior a cualquier norma saharaui. En esta ocasión, el único límite que se impone a las posibles leyes que emanen de las instituciones saharauis es el del respeto a las normas internacionales de protección de los derechos humanos. Soluciona el problema de los censos usando dos censos diferentes: uno será el aceptado por el Frente Polisario con base en la revisión de las Naciones Unidas del censo, que se usará para las votaciones referentes a sus instituciones propias, mientras que para el referéndum de autodeterminación se permitiría votar a los que hayan residido en el territorio desde el 30 de diciembre de 1999.

8 https://www.securitycouncilreport.org/atf/cf/%7B65BFC-F9B-6D27-4E9C-8CD3-CF6E4FF96FF9%7D/MI- NURSO%20SRES1495.pdf

James Baker con representantes saharauis en una visita a la zona.

El plan fue aceptado, no sin reticencias, por el Frente Polisario, que fue relativamente generoso al aceptar que participaran también las personas de nacionalidad marroquí establecidas durante la ocupación militar. No solo eso, sino que también se le daban las competencias de política y relaciones exteriores al Reino de Marruecos, el cual debería consultar con la Asamblea Saharaui cualquier decisión que afectara su territorio. La bandera, la moneda y los servicios postales y de telecomunicaciones ya existentes en el Reino de Marruecos serían los mismos para el territorio saharaui. Por lo tanto, es de justicia admitir que el Frente Polisario realmente hizo un esfuerzo significativo para avanzar en la solución al conflicto.

Sin embargo, aunque en un primer momento parecía que el plan iba a ser aceptado por ambas partes, el gobierno marroquí mantuvo su oposición a que cualquier tipo de referéndum contuviera la opción de la independencia de los territorios ocupados.

Tras la decisión marroquí, el enviado James Baker dimitió de su puesto a modo de protesta[9], afirmando que la viabilidad de cualquier plan siempre quedaba supeditada a la total aceptación de todos los puntos por ambas partes, lo cual hacía casi imposible el llegar a ningún tipo de acuerdo si no se ejercía presión a las partes. Similar opinión mantuvo el por entonces secretario general de la ONU, Kofi Annan (Ludeña, 2003) en el punto 57 del informe que presenta el Plan Baker II: «[…]el Consejo de Seguridad no va resolver el problema del Sáhara Occidental sin tener que pedir a una de las partes o a ambas que se plieguen a algo que no estarían dispuestas a aceptar *motu proprio*».Tras el Plan Baker II, no se ha vuelto a producir ningún acercamiento para llegar a un acuerdo parecido.

Actuación de la Unión Europea

La posición política de la Unión Europea ha ido variando a lo largo de las últimas décadas, y se podría decir que ha pasado de la indiferencia hacia una posición más activa, pero siempre en línea con las directrices marcadas por las Naciones Unidas.

En las primeras etapas del conflicto del Sáhara, en la década de los 70, la actividad del Parlamento Europeo en materia de política internacional es prácticamente nula, dado que está dando sus primeros pasos, por lo que dicho órgano no se ocupa del problema de los territorios saharianos, sino que el tema es algo

---

9 https://elpais.com/diario/2004/06/12/internacional/1086991212_850215.html?event_log=go

que España trata como un asunto propio o interno. La misión del Parlamento Europeo por aquellas fechas en lo referente a cuestiones internacionales se centra más en lo económico que en lo político. Todo ello sin olvidar que España no era aún miembro de la por entonces conocida como Comunidad Económica Europea. Unido a esto, a finales de la década el Parlamento Europeo empieza a interesarse por ciertos temas internacionales, entre los cuales no se incluye el del Sáhara, actitud que puede achacarse simplemente a una falta de interés al respecto por parte de las potencias europeas.

A finales de los 70 y principios de los 80, se toma partido desde las instituciones europeas por la opción regionalista, apoyando las tesis marroquíes de que el Sáhara Occidental debe integrarse como provincia en el Reino de Marruecos y que toda la crispación acerca de este tema se debe a una lucha de poder entre Marruecos y Argelia en el contexto de la Guerra Fría. Esta tesis toma cuerpo a través de la Resolución del 12 de marzo de 1981, que no considera la existencia de un problema de descolonización territorial, sino que se apoya en el párrafo sexto de la Resolución 1514 de las ONU sobre la concesión de la independencia a los países y pueblos coloniales -la cual se basa en el artículo 2.4 de la Carta de las Naciones Unidas— y que dice literalmente: «Todo intento encaminado a quebrantar total o parcialmente la unidad nacional y la integridad territorial de un país es incompatible con los propósitos y principios de la Carta de las Naciones Unidas». Es importante recalcar cómo de importante es la subjetividad de cada organización a la hora de interpretar textos de este tipo. En este periodo el Parlamento Europeo ni siquiera tiene en cuenta al Frente Polisario como uno de los implicados en el conflicto, sino que solo tiene en cuenta a Marruecos y a Argelia.

A partir de la entrada de España en la Comunidad Europea en 1986 se produce un cambio de actitud respecto del apoyo del Parlamento Europeo a las tesis marroquíes. La nueva línea vira ahora hacia una posición en favor del derecho de autodeterminación para el Sáhara Occidental, más acorde con las resoluciones de la ONU y la posición del Frente Polisario. La característica principal que define esta etapa es el foco en la exigencia a Marruecos de que respete los derechos humanos y una mayor preocupación por la situación de los refugiados en los campamentos de Tinduf. Unido a esto, el Parlamento Europeo también muestra preocupación por la situación de los derechos civiles y políticos de los ciudadanos saharauis en los territorios ocupados por Marruecos, así como la de los prisioneros de guerra. Esta preocupación toma cuerpo en tres resoluciones del Parlamento Europeo aprobadas en el año 1987. La Resolución del 14 de mayo de 1987, bajo el título de *Sobre los derechos humanos en Marruecos*, hacía mención a los prisioneros saharauis, tanto civiles como militares, que aún permanecían en poder de Marruecos. La Resolución del 29 de octubre de ese mismo año, denominada *Resolución sobre los derechos humanos en Marruecos*, hace mención a la Resolución de Mayo y además exige la liberación de los prisioneros. Ese mismo año, el 17 de diciembre y con el título *Resolución sobre el Sáhara Occidental*, el Parlamento Europeo dedica todo el texto a denunciar la situación de violación de los derechos humanos en el Sáhara Occidental (Torrejón Rodríguez, pág. 43).

Se abandona definitivamente la tesis de la regionalización y desde Europa se aboga por la intervención de organizaciones supraestatales como la ONU y la OUA (Organización de la Unidad Africana) para la solución del conflicto. Esta vía de actuación continuó con el apoyo del Parlamento Europeo al

Plan de Arreglo o Plan Baker y a la misión de la MINURSO en el territorio.

Desde finales de la década de los 90 se aprecia una leve moderación en las muestras de apoyo del Parlamento Europeo hacia la causa saharaui, ya sea por otras causas geopolíticas que pudieran haber influido en este aspecto o simplemente porque el estancamiento en la aplicación del Plan Baker hizo que el conflicto perdiera interés. La política europea entra en una fase en la que se limita a apoyar las decisiones de la ONU respecto al conflicto sin aportar ideas nuevas, no culpa a ninguno de los bandos y sus resoluciones se podrían definir como genéricas y sin personalidad propia. Las discusiones giran en torno a la defensa de los derechos humanos y a la explotación de los recursos en los territorios en disputa. Una muestra de lo primero es la resolución del Parlamento Europeo sobre la ayuda humanitaria a los refugiados saharauis del 14 de abril de 2005, con el título de *Resolución del Parlamento Europeo sobre la ayuda humanitaria a los refugiados saharauis*[10].

La rotura del alto el fuego provocó que se volviera a una especie de guerra de baja intensidad y que se reanudaran los ataques del Frente Polisario contra supuestos objetivos marroquíes. Algunos de estos ataques han sido condenados por el Parlamento Europeo[11], como el producido en Esmara, que causó la muerte de un joven[12] y que provocó protestas en el Aaiún[13].

10 https://www.europarl.europa.eu/doceo/document/TA-6-2005-0137_ES.html

11 https://www.atalayar.com/articulo/politica/parlamento-europeo-condena-recientes-ataques-frente-polisa- rio-esmara/20231226111834195129.html

12 https://www.notimerica.com/politica/noticia-sahara-tres-nuevas-explosiones-sacuden-inmediaciones-base- militar-marroqui-esmara-20231105131646.html

13 https://www.lavanguardia.com/vida/20231105/9354591/protesta-aaiun-polisario-ataques-ciudad-saharaui- esmara-agenciaslv20231105.html

A pesar de que la posición de la Unión Europea es la defensa del derecho de autodeterminación en el Sáhara Occidental, a tenor de los hechos acontecidos hasta ahora, es algo que llevaba a cabo con desgana. Los ataques casi terroristas del Frente Polisario no ayudarán a esta organización a que su causa sea vista con simpatía en territorio europeo.

Movimientos estratégicos de los Estados Unidos

No se puede entender ningún conflicto internacional sin que la mano de la gran superpotencia, Estados Unidos, esté implicada en cierto grado. Fue con la administración Reagan cuando Marruecos empezó a recibir el apoyo necesario ante el avance militar que experimentaba el Frente Polisario, que fue frenado en seco cuando desde el gobierno norteamericano se decidió apoyar la causa marroquí con mayor determinación que hasta entonces.

El gobierno republicano de Reagan consideró que la mejor opción para la estabilidad en la zona, especialmente en el contexto de la Guerra Fría, era un apoyo abierto y sin fisuras al Reino de Marruecos.

La clave de este apoyo era la posición de Marruecos al sur de la frontera europea de la OTAN y su consideración de aliado estratégico para EE. UU., que lo considera un bastión contra el islamismo y, en aquella época, contra las ideas socialistas y comunistas representadas por Argelia en el norte de África y, sobre todo, por la Libia de Gadafi, principal antagonista en la zona para los intereses de los EE. UU.

La construcción del muro marroquí que separa la zona controlada por el Frente Polisario y la zona marroquí pudo finalmente ser construida gracias a la financiación estadounidense. Esto provocó el parón de los avances militares para el Polisario y el estancamiento del conflicto militar y diplomático.

Este estancamiento ha favorecido siempre a Marruecos, que ha seguido controlando el territorio, sabiendo el valor que tiene como peón para las estrategias geopolíticas de las grandes potencias occidentales. Además de esto, y como se explica en el punto 1.4 de este mismo documento, en 2022 las tesis marroquíes recibieron el espaldarazo del gobierno de Donald Trump, así como del gobierno español de Pedro Sánchez. A pesar de la llegada de los demócratas a la Casa Blanca y de que el presidente Joe Biden no va a ser tan vehemente en el apoyo a Marruecos, no se prevé que la situación cambie en un futuro próximo.

Situación de los derechos humanos en la zona

Para hablar de los derechos humanos en el conflicto del Sáhara Occidental es necesario tener en cuenta no solo la situación de la población saharaui en los territorios ocupados por el ejército marroquí, sino también la de aquellos que se encuentran exiliados desde los años 70 en los campamentos de Tinduf, en Argelia. Este punto se centrará en la situación de los derechos humanos de la población saharaui, ya que son ellos los que se encuentran en territorio ocupado bajo administración marroquí y por lo tanto más proclives a ser discriminados en favor de los ciudadanos marroquíes que Marruecos ha ido movilizando durante las últimas décadas al Sáhara Occidental para conseguir fuerza electoral en el caso de la celebración del referéndum de autodeterminación.

Refugiados en los campamentos de Tinduf

Tras la ocupación marroquí del territorio del Sáhara Occidental, las personas que vivían en esos territorios huyeron y se establecieron en la provincia argelina de Tinduf. En esta provincia del desierto argelino denominado la hamada, es donde viven aproximadamente 173.000 refugiados, de acuerdo con el censo de ACNUR de 2018. Tanto el Frente Polisario como Argelia evitan dar cifras exactas de las personas que viven en los campamentos, posiblemente debido a razones políticas y de propaganda, ya que no quieren que la comunidad internacional se dé cuenta de la reducción de la población de los campamentos en caso de éxodos masivos debido a las duras condiciones de la hamada argelina.

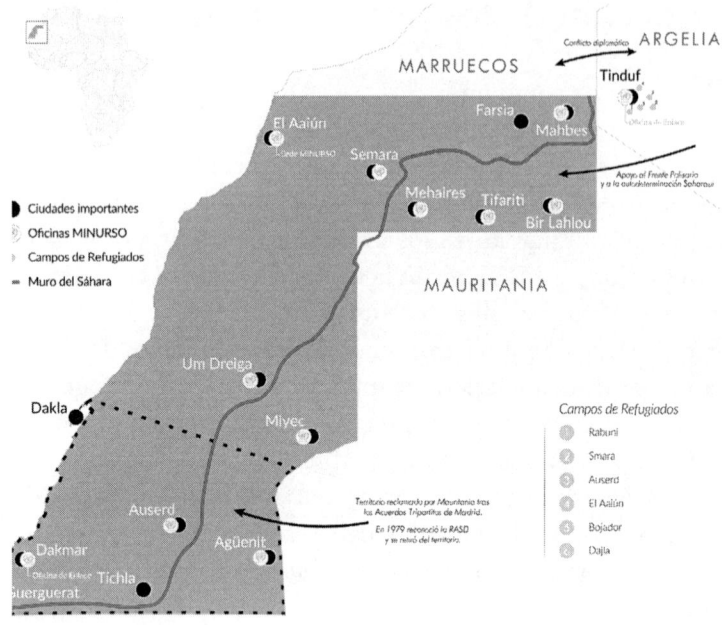

Mapa de la presencia marroquí en el Sáhara Occidental, presencia de la MI-NURSO y ubicación de los campos de refugiados saharauis en Argelia.

Los campamentos de Tinduf, representantes del éxodo saharaui, están formados por cinco divisiones administrativas que tratan de emular la organización de los verdaderos territorios del Sáhara Occidental: El Aaiún, Esmara, Bojador, Aus022 y Dajla. Estas cinco divisiones principales se denominan wilayas (provincias) que a su vez están divididas en dairas (municipios). La ciudad administrativa de Rabuni actúa como centro de protocolo y acogida de la RASD y es donde se encuentra la sede de los ministerios y oficinas del Frente Polisario.

La seguridad de los campamentos está a cargo del Frente Polisario, que ha tomado el mando de todo lo relacionado con el territorio casi como un Estado soberano, ya que, dada la evolución que han experimentado los campamentos durante las últimas décadas, se podría afirmar casi con toda seguridad que las autoridades argelinas han abandonado el territorio, administrativamente hablando. En nuestra opinión, es francamente preocupante que estos campamentos sean los únicos que no estén administrados por personal de las Naciones Unidas, sino que esta vital tarea la lleve a cabo un movimiento de liberación que no tiene que rendir cuentas en materia de derechos humanos, pues recordemos que la RASD no es miembro de pleno derecho de la ONU y no está obligada a presentar el examen periódico universal, obligatorio para todos los estados miembros de este organismo. Como denuncia la organización Human Rights Watch en su informe de diciembre de 2008 (*Human Rights Watch 2008*) Argelia no quiere hacerse cargo ni asumir responsabilidades por las posibles violaciones de los derechos humanos que puedan cometerse en los campamentos, lo que convierte a Tinduf en una tierra de nadie donde la ausencia de la comunidad internacional se ha convertido en la norma.

Esta anómala situación conlleva, como denuncia la misma organización, que en Tinduf se sigan produciendo situaciones propias de siglos pasados, como la existencia de la esclavitud. Si bien se añade que el Frente Polisario parece estar luchando contra esta abominable práctica, la situación nos deja ver que el control que esta organización ejerce en los campamentos no es suficiente para erradicar esta lacra, lo cual evidencia su debilidad y/o inoperancia.

La situación sanitaria es lamentable, con una mayoría de médicos cubanos voluntarios pagados por su gobierno. Los médicos saharauis, de los que solo hay 50 para una población de 170 000 personas, reciben un sueldo de 350 € cada tres meses y los enfermeros 60 €, por lo que los nacionales saharauis formados como médicos y/o enfermeros en las universidades argelinas o españolas prefieren emigrar para conseguir una retribución adecuada a su formación.

Respecto a los suministros de luz y agua, solo Rabuni, donde se concentra la mayoría de los trabajadores internacionales, dispone de ambas. Es de destacar que en Rabuni no viven familias saharauis. Las demás wilayas cuentan con diversas formas para garantizar el suministro de agua y luz a través de generadores o pozos. Estos últimos proporcionan agua en exceso salada, a pesar de que el Frente Polisario asegura que es potable. Este puede ser, entre otras causas, el origen de la expansión de la diabetes o la hipertensión entre los refugiados.

La subida del salario mínimo en Argelia, principal suministrador de productos alimentarios del exterior, ha provocado a su vez el aumento de precios de los alimentos y conservas que llegan a los campamentos, por lo que los saharauis se han visto obligados a hacer más de 1000 kilómetros por la hamada argelina para conseguir alimentos a precios más asequibles, a costa de su seguridad y su salud. La canasta básica de alimentos proporcionada a cada familia saharaui por las autoridades de la RASD se ha visto disminuida por este motivo, lo cual ha provocado también un aumento de los casos de desnutrición, más recurrente aún en las mujeres (Trasosmontes, 2011).

El panorama general en los campamentos de Tinduf no es nada halagüeño. Lo que se suponía iba a ser una situación temporal se ha convertido en una situación permanente, donde las últimas generaciones de saharauis nacidas en los campos nunca han conocido lo que es vivir en los territorios ocupados, pero se ven desde su nacimiento inmersas en la «lucha» del pueblo saharaui y en unas condiciones durísimas de vida sin la supervisión de organismos internacionales que puedan garantizar una vida con capacidad de elección y con sus derechos básicos garantizados.

Saharauis al otro lado del muro

Es difícil determinar la cantidad de personas de origen saharaui que habitan en los territorios ocupados por Marruecos en el Sáhara Occidental, ya que no existe demasiada transparencia ni por parte del Reino de Marruecos ni del Frente Polisario al respecto. La posible estimación, restando las personas de etnia saharaui que viven en terceros países, también es complicada. Por ejemplo, en España, donde reside una de las comunidades saharauis más importantes y extensas, al no ser reconocida dicha nacionalidad, son registrados como marroquíes (en el caso de que vivan en los territorios ocupados) o como argelinos (en el caso de que vivan en los campamentos de Tinduf).

La política marroquí de llevar colonos de esa nacionalidad ofreciéndoles incentivos de todo tipo a los territorios ocupados, ha provocado que los ciudadanos de etnia árabe sean mayoritarios. Administrativamente hablando, todos los habitantes que viven en la zona oeste del muro son de nacionalidad marroquí, ya que Marruecos considera al Sáhara como una provincia más. Es más, ha destinado tantos recursos para el progreso y desarrollo del territorio, que dentro del mismo Marruecos se han alzado voces criticando esta política, pues olvida otras provincias que también necesitarían recursos para su mejor evolución.

Existen numerosas denuncias por parte de organizaciones no gubernamentales acerca de la persecución que sufren los saharauis si se expresan a favor de la autodeterminación del Sáhara Occidental. Parece ser que, si uno se documenta lo suficiente, este es el principal problema que sufre la población saharaui en los territorios bajo administración marroquí. Es difícil encontrar otro tipo de discriminación si lo que simplemente se desea es vivir en los territorios ocupados. Incluso, como se ha dicho antes, los saharauis que deciden vivir en los territorios ocupados pueden disfrutar de una mejor calidad de vida que en otras zonas más deprimidas de Marruecos, debido a las grandes inversiones que el gobierno está llevando a cabo por el conflicto político y militar.

Por lo demás, parece lógico que los saharauis que viven en los campamentos de Tinduf elijan vivir en la parte marroquí, pues ofrece mayores oportunidades laborales y económicas, además de las ventajas de recibir esa nacionalidad. Es de destacar que, para ciertas circunstancias, supone una desventaja que la RASD sea reconocida como país oficial por parte de Argelia, ya que no ocurre lo mismo con los países de la Unión Europea, por lo que muchos saharauis no reciben el pasaporte argelino y no pueden viajar legalmente hacia países que no reconocen a la RASD como un Estado, que son mayoría. Por lo tanto, la mejor opción para muchos saharauis es acogerse a las iniciativas solidarias por parte de organizaciones humanitarias españolas que organizan campamentos en ese país para los jóvenes saharauis.

Debido al estricto control que el Frente Polisario ha ejercido durante décadas sobre los residentes de los campamentos de Tinduf, sin supervisión de ningún observador ni organismo internacional, es de prever que muchos desafectos de la causa de la autodeterminación o que simplemente no estén interesados en ella, hayan decidido marcharse a la zona marroquí por este motivo. Esto, según denuncia Human Rights Watch (*Human Rights Watch, 2008*) no es impedido por las autoridades del Frente Polisario, pero se realiza en silencio y en solitario para no llamar la atención, algo que no ocurriría si la decisión de abandonar los campamentos no fuera de alguna manera condenada por las autoridades saharauis.

Ciertamente, la falta de libertad para expresar ideas separatistas en los territorios ocupados es algo que debe mejorarse por parte del gobierno marroquí. A pesar de que se ha empezado a ver una leve apertura en este aspecto con la legalización de ciertos movimientos políticos de este signo, sigue sin ser suficiente para que se vea legitimada su posición de cara a la opinión internacional, que sigue viendo con preocupación ciertos acontecimientos relacionados con la represión de ciudadanos saharauis.

¿Cómo salvaguardar los derechos humanos en la zona?

Como ha sido siempre hasta la fecha, las Naciones Unidas han mantenido el mismo discurso respecto a la protección de los derechos humanos y el trato igualitario que toda persona debe recibir. Tampoco han cambiado en exceso los instrumentos de los que dispone para que sus resoluciones se cumplan.

Mecanismos internacionales de derechos humanos

El principal mecanismo que debería velar por que se cumplieran y respetaran todos los tratados de derechos humanos ratificados por alguna de las partes debería ser la MINURSO. Sin embargo, esto no ocurre, ya que la supervisión del respeto a los derechos humanos no ha sido hasta ahora una de las misiones de la MINURSO a petición de Marruecos, que simplemente se negó a ello, con el apoyo de Francia, en el Consejo de Seguridad (de Barros, pág. 120).

La Resolución 2703 del 30 de octubre, que extiende el mandato de la MINURSO[14], habla de la necesidad de velar por los derechos humanos en los campamentos de Tinduf y el Sáhara Occidental y alienta a las partes a respetarlos.

La misión de la MINURSO tiene varios puntos fundamentales, entre los que se pueden destacar el monitoreo del alto el fuego (roto en 2020), realizar acciones para la liberación de prisio-

---

14 de Naciones Unidas., C. de S. (30 de octubre de 2023). Resolución 2703 (2023).

neros de guerra, así como supervisar su intercambio y, sobre todo, identificar y registrar a los ciudadanos que cumplieran los requisitos para participar en el futuro referéndum de autodeterminación. La realización de este referéndum se previó para el año siguiente al despliegue de la MINURSO, lo cual no pudo cumplirse debido a la desavenencia entre las partes respecto del censo para el referéndum, por lo que la misión continuó con sus otras tareas en el territorio, lo que incluye también reuniones con las autoridades militares de ambos contendientes, establecidas en los respectivos acuerdos militares firmados tanto con Marruecos como con el Frente Polisario (de Barros, pág. 116).

Estando los derechos humanos fuera de la responsabilidad de la MINURSO, es el Alto Comisionado de las Naciones Unidas para los Derechos Humanos (ACNUDH) el organismo encargado de supervisar el respeto a los derechos humanos en la zona. Este organismo ha realizado diversas misiones a los territorios del Sáhara Occidental y ha denunciado en sus informes que sus reuniones programadas en Marruecos con distintos representantes de la sociedad civil y víctimas de las acciones del gobierno fueron supervisadas por las autoridades marroquíes, algo que no ha ocurrido durante las visitas del ACNUDH a los campamentos de Tinduf, en donde, por otra parte, se reportó que, debido a las penosas condiciones en las que los refugiados viven, no se estaban respetando sus derechos sociales, culturales y económicos. (HUMAN RIGHTS WATCH 2008).

Medidas adoptadas y su eficacia

Marruecos es miembro de las Naciones Unidas desde el mismo día de su independencia, el 12 de noviembre de 1956, y es firmante de los tratados más importantes de protección de los derechos humanos; por lo tanto, está sujeto al cumplimiento de las distintas resoluciones que las Naciones Unidas puedan llevar a cabo y que puedan afectarle. La RASD no es un Estado reconocido por la ONU, pero sí por la UA (Unión Africana)[15], a la cual también pertenece Marruecos, a pesar de que no la reconoce. Políticamente hablando, la UA está dando sus primeros pasos, y a pesar de que adolece de la misma falta de autoridad (en lo que concierne al cumplimiento ejecutivo de sus resoluciones) que otras organizaciones supranacionales, cuenta con la desventaja de no ejercer aún el mismo nivel de presión política y diplomática que sí ejercen otros organismos, como la ONU, y que en ocasiones sirve para forzar a los países reticentes a cumplir con las resoluciones de sus órganos principales. Sí se le debe reconocer firmeza en su decisión de aceptar a la RASD como Estado propio, posicionándose así de manera clara y firme en contra de las tesis de Marruecos. Más allá de eso, que no es poco, no ha influido de manera decisiva en el conflicto.

En lo referente a la ONU, la organización que ha jugado el papel mediador principal en el conflicto, se ha de decir en su favor que ha estado cerca de resolverlo gracias al plan de su enviado especial, el plan Baker II, que estuvo a punto de ser aceptado por ambas partes. También es de valorar el papel de la MINURSO, que, si bien no ha conseguido su objetivo principal de celebrar un referéndum, sí que ha puesto de su parte para conseguir alargar el mayor tiempo posible el alto el fuego, salvando potencialmente una importante cantidad de vidas, por lo que su rol en el conflicto no es nada desdeñable, a pesar de su pobre influencia en las

---

15 https://saharaoccidental.es/sabias-que/rasd-parte-union-africana/

decisiones del gobierno marroquí. Tras la aparente inoperancia de la MINURSO, se encuentra un gran trabajo diplomático, negociador y de apaciguamiento que sin duda no ha hecho sino influir positivamente en el desarrollo del conflicto.

Solución con un enfoque humano, respetando el equilibrio geoestratégico de la región

Tras analizar los acontecimientos y las actuaciones de las organizaciones internacionales, así como de las propias autoridades directamente implicadas, se puede llegar fácilmente a la conclusión de que no es posible hablar de una solución viable y/o factible sin tener en cuenta los poderosos factores que influyen en acontecimientos de esta naturaleza, siendo el principal de todos las aspiraciones de las grandes potencias, que trabajan entre bambalinas para proteger sus intereses económicos, muchas veces a costa de los derechos humanos de las poblaciones afectadas, arrastradas por la vorágine de las apetencias geoestratégicas de turno que, indudablemente, siempre están en primer plano y son la prioridad número uno de cualquier país envuelto en un conflicto tanto de tipo regional como internacional.

Esto no es diferente en el caso del Sáhara Occidental. Marruecos es uno de los aliados más antiguos y fieles de los Estados Unidos de América. Y no solo eso, sino que los EE. UU. consideran a Marruecos un aliado clave, debido a su condición de país islámico moderado que puede ejercer su influencia para contener posibles extremismos en la zona del Sahel, por lo cual ha gozado siempre de su apoyo y cooperación para que Marruecos consiga cumplir de manera definitiva sus aspiraciones respecto a sus «territorios del sur». Francia también es otro aliado clave de Marruecos y fue vital a la hora de asesorarlo para la construcción del muro militar marroquí que recorre todo el Sáhara Occidental y que logró frenar las incursiones de las guerrillas saharauis que tantos quebraderos de cabeza dieron en el pasado al ejército marroquí. Marruecos, en su papel de país árabe más proclive a Occidente, y gracias al esfuerzo de su diplomacia y a la política aperturista del antiguo monarca Mohammed VI, iniciada en la década de los noventa, ha conseguido no solo ser nuevamente aceptado por 39 de los integrantes de la Unión Africana[16], sino que nada menos que 41 países hayan retirado el reconocimiento como Estado a la RASD, de acuerdo a fuentes del Ministerio de Exteriores marroquí[17.]

En contraposición a esto, la creación de un Estado saharaui podría poner en peligro la estabilidad de la zona de El Sahel, por desgracia unida en el pasado a la acción de grupos terroristas ligados a Al Qaeda y sobre todo al GSPC (Grupo Salafista para la Predicación y el Combate), posteriormente Al Qaeda del Magreb Islámico[18], el cual continúa activo y en el cual se calcula que han militado entre 20 y 30 personas de etnia saharaui (Gil, C.P, pág. 194). Debido a la situación de extrema precariedad en la que muchos jóvenes se encuentran en los campamentos de Tinduf, son proclives a formar parte de grupos terroristas o a dedicarse al narcotráfico y al secuestro de personas (Gil, C.P, pág. 206).

Por todo esto, para preservar la estabilidad de la zona y para salvar vidas en el futuro, considero que la mejor opción es la

16 https://www.realinstitutoelcano.org/blog/marruecos-vuelve-a-la-union-africana-entre-interrogantes/

17 https://elpais.com/internacional/2020-12-12/las-poderosas-alianzas-que-explican-la-influencia-internacio- nal-de-marruecos.html

18 https://es.wikipedia.org/wiki/Al_Qaeda_del_Magreb_Isl%C3%A1mico

autonomía avanzada que propone Marruecos. Una autonomía en un Estado asociado que permita a los saharauis vivir bajo su propia constitución, en línea con todos los tratados de protección de los derechos humanos, con sus normas y estatutos propios para que no se vean influenciados por el estilo de gobierno marroquí y disfruten, de facto, de una república propia.

La defensa de las fronteras exteriores, al correr a cargo de Marruecos, sería difícilmente comprometida, ya que Marruecos es uno de los países más desarrollados y respetados de África, por lo que la paz y la seguridad de la comunidad saharaui estaría garantizada. No tiene ya sentido lo propuesto por el Plan Baker II, ya que debido a la baja densidad poblacional de la zona al este del muro (zona saharaui) y la gran cantidad de colonos marroquíes que se han establecido en el territorio al oeste del mismo, un referéndum arrojaría inevitablemente un resultado a favor de las tesis marroquíes.

Se propondrían medidas sociales especiales para todos los refugiados que quisieran trasladarse desde Tinduf al nuevo Estado asociado, para que pudieran iniciar una nueva vida en unas condiciones dignas y acordes con el PIDCP y el PIDESC, como no podría ser de otra manera. A pesar de que esto parezca difícil de conseguir en un futuro cercano, considero que, si se dota al nuevo Estado asociado de la suficiente personalidad propia, acorde a las costumbres saharauis, limitándose Marruecos a los campos de seguridad y relaciones exteriores, las autoridades saharauis podrían ser convencidas de aceptar el plan. Gestos de buena voluntad por parte de Marruecos serían muy necesarios para iniciar los acercamientos.

Conclusiones

Tras todo el trabajo realizado en lo que respecta al funcionamiento de las distintas organizaciones internacionales, se puede llegar a la conclusión de que la geoestrategia y la cuestión económica siguen estando por encima de los derechos humanos en la mesa de negociaciones. Esto también es aplicable a las Naciones Unidas, ya que, debido a los privilegios y, sobre todo, al derecho de veto que un limitadísimo número de países poseen, las políticas y decisiones de estos países privilegiados acaban primando muchas veces sobre el bien común. Este hecho y la falta de poder real de la ONU para evitar acciones contrarias a sus resoluciones son responsables del estancamiento de la situación, ya que no se pudo evitar la invasión marroquí del territorio ni el envío de colonos de esta nacionalidad, dejando a las autoridades saharauis en una situación de desventaja. Esto no es óbice para poder afirmar con seguridad que las autoridades saharauis no han dado los pasos adecuados ni han demostrado ser merecedoras de la gobernanza de todo un país. Bajo su autoridad se encuentra nada más y nada menos que casi el 25 % del territorio que pretenden gobernar, y el cual, tras cuatro décadas, sigue siendo desierto. No han buscado iniciativas ni financiación para hacer habitable esa parte del Sáhara y así demostrar de lo que son capaces. Marruecos, al contrario, ha invertido una cantidad descomunal en mejorar las condiciones de habitabilidad de sus territorios al oeste del muro militar[19].

Tampoco se ve la necesidad de mantener en una situación tan vulnerable, en la hamada argelina, a miles de mujeres, niños y ancianos solo por un ideal, en unos campamentos sin supervisión de la ONU, algo insólito y único en el escenario internacional.

El respeto a los derechos humanos está por encima de cualquier aspiración territorial, por lo que es urgente y necesario empezar a trabajar en una solución que permita fundamentalmente sacar a miles de personas del oscurantismo y garantizarles los derechos de los que todo individuo debe gozar.

19 https://www.maroc.ma/es/news/el-sahara-marroqui-se-convirtio-en-polo-de-inversion-y-de-desarrollo- prensa-espanola

Anexo

Entrevista a Chema Gil Garré* sobre la situación actual en el Sáhara Occidental.

Conflicto Polisario-Marruecos: explorando vías de solución a través del prisma de los derechos humanos y la geoestrategia.

1. **¿Cómo ves la situación actual en la zona? ¿Crees que sigue existiendo un estancamiento en la búsqueda de soluciones o, por el contrario, crees que se han dado grandes pasos gracias a la aceptación tanto de España como de EE. UU del plan de autonomía marroquí?**

En mi opinión España, por más que en la diatriba política interna se haya tendido a la exageración, ha modificado, de manera real, muy poco su posición histórica; lo que ha hecho ha sido asumir la respuesta que el Consejo de Seguridad de Naciones Unidas dio a la propuesta de autonomía de Marruecos en el año 2007 que consideró que la misma «*es una propuesta, seria, realizable y creíble*». El presidente del gobierno de España añadió el adverbio «más», es decir, consideró que la propuesta de autonomía realizada por el Reino de Marruecos es «*la propuesta más seria, realizable y creíble*» para la solución del diferendo del Sáhara Occidental; acto seguido añadió lo que siempre ha dicho España, al someter la evolución de la situación a las resoluciones de las Naciones Unidas. Así pues, lo que nos encontramos es la manifestación de una apuesta geopolítica y, como tal, basada en el pragmatismo de los intereses que el gobierno de España, sobre el que recaen constitucionalmente las competencias de la política exterior, ha visto oportuno adoptar. Eso sí, añadiría que —insisto en que es una opinión personal— que el Consejo de Seguridad en el 2007 se adelantó a apreciar la propuesta marroquí, pues en ese momento la constitución del Reino de Marruecos no contemplaba ningún tipo de regionalización ni autonomía y por lo tanto no se sustentaba tal propuesta sobre una norma fundamental interna, es decir, no se sustentaba sobre el papel. Con la reforma constitucional de 2011 en ese país, existe el marco jurídico interno para poder llevarla a cabo. En cuanto a la modificación del gobierno de España, en el fondo estoy de acuerdo, yo vengo diciendo eso desde hace 15 años pero el gobierno, tras una conducta errática en relación con el jefe del Polisario, sin reunirse con el principal partido de la oposición, parece que imprime un cambio de rumbo que verdaderamente no se traduce en nada práctico. Es verdad que se suma a la serie de países que tras la puesta en marcha de los Acuerdos de Abraham se han alineado con Marruecos, algunos incluso, como EE. UU., reconociendo la marroquinidad del Sáhara.

La situación actual de la zona es algo más complicada que el simplismo reduccionista que desde las ideologías de extrema derecha y de extrema izquierda plantean; por cierto ambas posturas coinciden en mucho, los extremos se tocan. El Polisario, creyéndose mucho más de lo que es, dice que declara la guerra contra Marruecos y de hecho se han producido algunos escarceos belicosos, pero si Marruecos responde con su potencial militar a la ridiculez del Frente Polisario, una eventual guerra —sin actores exógenos— duraría nada. Hoy las Fuerzas Reales Militares de Marruecos son una potencia muy a tener en cuenta, por lo tanto, el Frente Polisario al activarse a sí mismo en guerra, lo único que hace es trasladar más sufrimiento a los saharauis. Lo más vergonzoso es el papel de la ONU, que viene reconociendo un movimiento dictatorial como representante de los saharauis, cuando hoy es una realidad más compleja. El mundo le ha dado la espalda a este conflicto congelado y puedo asegurar que después de 15 años, que después de 15 año acudiendo al Comité de Desarme y Descolonización, a excepción de Cuba, Venezuela y algunos países poco edificantes, ningún miembro de la comunidad internacional está por la labor de que surja en el extremo occidental del área sahelosahariana un estado tribal, subvencionado y con síntomas de corrupción interna mucho más que preocupante, además de su porosidad con el crimen organizado operante en la zona, así como con el terrorismo.

Por lo tanto, no podemos hablar de estancamiento. La primera potencia mundial y con ella los países del golfo, varios países latinoamericanos, países europeos, etc., están por la labor de la aplicación de la regionalización o autonomización que se recoge en la propia constitución marroquí.

2. Respecto de la actuación de la Unión Europea, ¿crees que han privilegiado las cuestiones geopolíticas por encima de las razones humanitarias? ¿Cuáles crees que han sido esos motivos?

Veamos. Si los países, bien sea singularmente o como unión no gestionan una cuestión así desde el pragmatismo de la geopolítica, estarían actuando desde un éter ideal, pero no desde la realidad real. La relación de la Unión Europea como conjunto, así como desde la perspectiva de las relaciones bilaterales con el Reino de Marruecos, es estratégica. Hasta ahora estas relaciones estratégicas estaban —siguen estando— vinculadas al conjunto de la seguridad como concepto multidimensional y poliédrico, pero ya se ha rebasado ese ámbito. Hoy las relaciones son estratégicas teniendo en cuenta una prospectiva razonable respecto al ámbito de recursos energéticos como el hidrógeno verde, relaciones comerciales, etc. En España, aún hoy, se sigue vendiendo un Marruecos que no es real. La realidad marroquí, con una población similar a la española, y como España, ubicada geoestratégicamente en un nodo geográfico de altísimo interés, es más importante de lo que se pueda creer a simple vista. Los jóvenes que están saliendo de sus universidades, el capital humano, como dijo Mohamed VI hace unos años, no son el futuro del país, son el presente. La clave estará en que ese estado no frustre ese caudal de valor añadido. La Unión Europea debe apostar, desde una autonomía estratégica real, no ficticia como lo es hoy en día, por reforzar una unión euromediterránea, ampliando e intensificando, como unión, el área. La iniciativa 5+5 se ha quedado corta, pero como Unión Europea, Francia sigue haciendo sus cosas por su cuenta y las consecuencias las vemos ahora que, tras el papel de Francia, Europa está teniendo que abandonar África. España mantiene, al menos tiene las condiciones de posibilidad, de adquirir un papel predominante más allá de las cuestiones de ayuda militar y policial; debiera tener la inteligencia para hacerse con un espacio singular en esas relaciones, pero tenemos una clase política mediocre y los ministros de Asuntos Exteriores de la anterior legislatura y la actual, me parece que no tienen ni la altura ni el cuaje necesario para abordar esta tarea. Estamos tan pendientes de nuestro ombligo que no vemos el cuerpo entero.

3. Siguiendo con la tónica de la pregunta anterior, ¿crees que las Naciones Unidas son un obstáculo para la búsqueda de soluciones, dada su posición inmovilista en este conflicto?

Las Naciones Unidas siguen como si no hubiera pasado más de medio siglo, como si no se hubieran producido cambios de calado en la geopolítica, con claves de resolución del conflicto tan alejadas de la realidad que ahora mismo no sirve para nada en este diferendo. Naciones Unidas, en este aspecto, si se me permite la expresión, ejerce un papel tan frustrante (que es mucho) como necesario, pero no coge el toro por los cuernos. Desde el secretario general para abajo son unos cobardes que jamás llevarán a buen puerto no solo este diferendo, sino que no lo harán con ningún conflicto internacional. Veamos, las Naciones Unidas, tal como hoy las conocemos, nacen como un mecanismo de prevención de conflictos que en situaciones gravísimas a nivel internacional no ha servido para nada. El mecanismo de prevención de conflictos que se crea tras la II Guerra Mundial, en Europa, lo que ha devenido en Unión Europea, a tal fin ha funcionado razonablemente bien. La ONU es exasperante, puede estar repitiendo lo mismo 15 años sin dar una solución real, por arriesgada que sea. Para mí es deprimente.

4. ¿Cuál crees que sería la solución más respetuosa con los derechos humanos de las personas desplazadas de sus hogares que siguen sin habitar el Sáhara Occidental, como los refugiados de los campos de Tinduf?

El final, en mi opinión, es la autonomía. Antes hay que hacer otras cosas para caminar hacia algo eficaz. Lo primero que tiene que ocurrir es que la ONU modifique su posición de hace medio siglo. Hoy, incluso dentro de los campamentos del Frente Polisario hay disidencias clarísimas respecto del Polisario, por lo que no puede seguir considerando que el único representante de los saharauis es este movimiento independentista de los años 70 del siglo pasado, que además tiene un pasado terrorista y que puede volver a activarse como tal. Recordemos que hay 300 españoles víctimas del terrorismo, muchas reconocidas así por la ley; en cambio, su victimario no es reconocido como tal. El anquilosamiento de la ONU es exasperante y yo diría que tendrá que asumir que será en parte responsable de la criminalización de este diferendo en cuanto aparezcan víctimas inocentes y el Polisario no tenga más remedio que recurrir a las acciones asimétricas propias del terrorismo.

5. **¿Opinas que tanto el estado marroquí como el Frente Polisario han cometido crímenes de lesa humanidad por los que deben rendir cuentas o se deben establecer mecanismos de justicia transicional para favorecer el final del conflicto?**

El Reino de Marruecos, tras la llegada al trono de Mohamed VI, dio pasos muy valientes en el reconocimiento de víctimas, hubo indemnizaciones, las sesiones se retransmitieron. El Frente Polisario no ha asumido ninguna de sus acciones, ninguno de los torturados, de los desaparecidos, de los asesinatos, de las mutilaciones. Para mí, mientras no haga eso, se asemeja más a un grupo terrorista de los inspirados por la Unión Soviética en la Guerra Fría que a un movimiento de liberación. El Polisario debería ser auditado, en profundidad, por todos los estados y en especial España, pues es el único administrador del caudal de ayuda humanitaria con la que se ha llegado a hacer contrabando en favor de los dirigentes. Basta ir a Nuakchot o Nouadibú y ver el contrabando hasta de ayuda alimenticia. No debería llegar ni un dólar o euro de ayuda que no sea gestionado por los estados que ayudan. Ni la más mínima ayuda humanitaria puede ir a engordar los bolsillos de los dirigentes del Frente Polisario.

6. ¿Sigues creyendo que el referéndum es la solución definitiva al conflicto? Tanto si lo es como si no, ¿cuál debería ser el papel de la MINURSO para no convertirse en un actor inoperante?

El referéndum es una solución pensada hace más de medio siglo. La MINURSO se estableció en el 91 para que en un año se hiciera el referéndum, cuando no había ni siquiera censos con la misma seguridad jurídica. La desidia de la ONU ha dejado congelado este diferendo y nos encontramos con gente que cobra mucho dinero, que no sale del discurso de hace más de medio siglo cuando el mundo es otro, radicalmente distinto. El referéndum, tal como algunos lo pretendían en los años setenta del siglo pasado, no se producirá jamás. El papel de la MINURSO queda desdibujado y no creo que pueda ir más allá que velar por el mantenimiento del alto el fuego del 91, pero ni siquiera está sirviendo para eso. Nos gastamos 50 o 60 millones de dólares al año para bien poco, o directamente para nada.

7. ¿Cuáles crees que deberían ser los siguientes pasos a dar por España para sacar provecho de la futura situación del Sáhara Occidental? En especial, en lo referente a los numerosos recursos naturales de la zona

España debe entrar en la dinámica, poco conocida pero que avanza inexorablemente, para estar entre las potencias que han apostado por todos los desarrollos que pueden ponerse en marcha, que de hecho están en marcha, en el área concernida, pero entre los complejos de la izquierda y los complejos de la derecha estaremos fuera de todo ello. Tenemos políticos absolutamente mediocres.

8. ¿Qué actuaciones crees que serían las necesarias para acercar la reconciliación entre la comunidad saharaui y la comunidad marroquí?

El asociacionismo saharaui, su participación política, la atención a sus demandas por parte del Reino de Marruecos, pero el conjunto de los saharauis debe comprometerse también en su propio desarrollo y no asumir que regresando se lo den todo hecho.

9. Por último, ¿qué maniobras políticas y/o de otra índole crees que podrían ser útiles para calmar la tensión política y militar en la zona entre los países de Argelia y Marruecos una vez se llegue a una solución, la cual, sea la que sea, no satisfará a ambas partes, o al menos, satisfará más a una parte que a otra?

No las veo con claridad, sinceramente, el Frente Polisario es un conglomerado tribal corrupto, apoyado por Argelia; a la ONU le importa poco el diferendo, por decir algo. La realidad es que la comunidad internacional no quiere ni de lejos un estado tribal en el Sáhara Occidental poroso al avispero en el que se ha convertido el área sahelosahariana por el crimen organizado transnacional y muy especialmente por el terrorismo yihadista que está aventado por actores exógenos, algunos más claros, como Rusia en determinados lugares y otros más sutiles como China. Poco se habla de la injerencia de Irán, que no solo tiene que ver con la geopolítica, o mejor dicho, que introduce en su geopolítica su etiología religiosa islámica chiita, lo que colisiona con las cohesiones religiosas de la zona, que son las malekitas sunni con influencias sufíes.

---

* Chema Gil Garré (Cartagena, España, 1966), escritor y periodista, analista internacional y experto en seguridad.

Fuentes consultadas

Gil, C. P. (2010). *Lo Que El Frente Polisario Esconde.* Bubok Publishing S.L.

Gil, C. (2014). *Polisario: historia de un frente contra los derechos humanos y la seguridad internacional:* (ed.). Bubok Publishing S.L. https://elibro.net/es/lc/uoc/titulos/51363

Emboırık, A. Ó. (2023). *Breve historia del Frente Polisario: cincuenta años de resistencia:* (1 ed.). Los libros de la Catarata. https://elibro.net/es/lc/uoc/titulos/233633

Torrejón Rodríguez, J. Domingo. (2017). *La Unión Europea y la cuestión del Sahara occi- dental: la posición del Parlamento Europeo / Juan Domingo Torrejón Rodríguez.* Editorial Reus.

Ignacio Fuente Cobo. (2011). *SAHARA OCCIDENTAL: ORIGEN, EVOLUCIÓN Y PERSPECTIVAS DE UN CONFLICTO SIN RESOLVER.* 22.

Solano Jiménez, M. Y. (2009). Los saharauis: El éxodo de un pueblo sin rostro. *Revista Academia y Virtualidad*, *2*(1), 127-143.

Carbayo, L. (2022, August 12). *La geoestrategia de Argelia*. LISA News. https://www.lisanews.org/geopolitica/la-geoestrate-gia-de-argelia/

Efe. (2010, noviembre 8). *Cuatro muertos en la operación de desmantelamiento de un campamento saharaui en El Aaiún*. PeriódicodeIbiza.es. https://www.periodicodeibiza.es/no-ticias/nacional/2010/11/08/24874/la-caravana-de-simpa-tizantes-entra-en-el-campamento-de-resistencia-saharaui--en-el-aaiun.html

España, A. I. (s/f). *El Sáhara merece una investigación*. Amnes-ty.org. Recuperado el 6 de oc- tubre de 2023, de https://www.es.amnesty.org/actua/acciones/sahara-investigacion--justicia/

Wikipedia contributors. (s/f). *Levantamiento de Zemla*. Wiki-pedia, The Free Encyclopedia. https://es.wikipedia.org/w/index.php?title=Levantamiento_de_Zemla&ol-did=154603989

Martín., P. M. (2017, abril 6). Marruecos y Argelia: el pulso por la primacía en el Magreb.

IEEE.

Fernando Gónzalez Farieta María Fernanda Penagos Forero Mayden Yolima Solano Jiménez. (2009, julio 10). El pa-pel de la ONU en el conflicto del Sáhara Occidental. *Comunicación, Cultura y Política. Revista de Ciencias So-ciales.*

Trump's recognition of Western Sahara is a serious blow to diplomacy and international law. (2020, diciembre 17). Proquest.com. https://www.proquest.com/docview/2470816827?accountid=15299&forcedol=true&pq=-origsite=primo&sourcetype-Blogs,%20Podcasts,%20&%20Websites

HUMAN RIGHTS WATCH (Ed.). (Diciembre 2008). *Los derechos humanos en el Sahara Occidental y los campos de refugiados de Tinduf.*

Vicente, S. (2022, octubre 19). Los campamentos de refugiados saharauis, sin apenas médicos en medio de la guerra. elDiario.es. https://www.eldiario.es/desalambre/campamentos-re- fugiados-saharauis-apenas-medicos-medio-guerra_1_9634711.html

Curiel, M. (2022, noviembre 23). *Crisis alimentaria en los campamentos saharauis: "Nunca había visto un deterioro de la situación como el actual".* Ediciones EL PAÍS S.L. https://el- pais.com/planeta-futuro/2022-11-23/crisis-alimentaria--en-los-campamentos-saharauis-nunca- habia-visto-un-deterioro-de-la-situacion-como-el-actual.html

Caamaño, S. (2021, enero 21). *Un conflicto estancado: vivir el Sáhara desde la diáspora.* Ediciones EL PAÍS S.L. https:// elpais.com/planeta-futuro/2021-01-20/vivir-el-sahara-desde- la-diaspora.html

Fernando Lorenzo Abril, Isabel Lima, Monica Alonso. (Ed.). (2019). *El espejismo de los derechos humanos: La juventud saharaui y la ocupación del Sáhara Occidental.* Fundación Mundubat.

de Naciones Unidas., C. de S. (30 de octubre de 2023). *Resolución 2703 (2023)*.

El proceso de, L. R. 1. 495 del C. de S. de N. U. del 31 de J. de 2003 S. un N. I. P. R. (s/f). *El Plan Baker II: ¿solución para el Sáhara Occidental?* Fuhem.es. Recuperado el 17 de enero de 2024, de https://www.fuhem.es/papeles_articulo/el-plan-baker-ii-solucion-para-el-sahara-occidental/

Ludeña, J. (2003). El Plan Baker II: ¿solución para el Sáhara Occidental? *PAPELES*.

Vidal., L. (diciembre 2003). El Plan Baker: propuesta para solucionar el conflicto más antiguo del Magreb. *IDEAS POLÍTICAS*.

Arredondas, M. (2023, diciembre 26). *El Parlamento Europeo condena los ataques del Frente Polisario contra Esmara*. Atalayar. https://www.atalayar.com/articulo/politica/parlamento-europeo-condena-recientes-ataques-frente-polisario--es- mara/20231226111834195129.html

Trasosmontes, V. (2011, mayo). LOS CAMPAMENTOS DE REFUGIADOS SAHARAUIS EN TINDUF: UNA APROXIMACIÓN DESDE LA ECONOMÍA. *Revista de Economía Mundial*.

de Barros, J. M. S. (diciembre 2020). WESTERN SAHARA: HISTORY, UN ACTING AND

FOREIGN INTERESTS. *Brazilian Journal of African Studies*.

Hasnaoui., Y. (2018). The United Nations leadership role in solving the western sahara conflict: progress or delays for peace? *Journal of Liberty and International Affairs*, 106–121.

Webmaster. (2020, enero 3). *La RASD forma parte de la Unión Africana*. Sáhara Occidental. https://saharaoccidental.es/sabias-que/rasd-parte-union-africana/

Peregil, F. (2020, diciembre 13). *Las poderosas alianzas que explican la influencia internacional de Marruecos*. Ediciones EL PAÍS S.L. https://elpais.com/internacional/2020-12- 12/las-poderosas-alianzas-que-explican-la-influencia-internacional-de-marruecos.html